工会工作知识题库系列丛书

工会基础理论知识题库

学习强会 编

中国工人出版社

图书在版编目（CIP）数据

工会基础理论知识题库 / 学习强会编 . —
北京：中国工人出版社，2023.6

ISBN 978-7-5008-8210-7

Ⅰ . ①工… Ⅱ . ①学… Ⅲ . ①工会工作 – 中国
– 干部培训 – 习题集 Ⅳ . ① D412.6–44

中国国家版本馆 CIP 数据核字（2023）第 105169 号

工会基础理论知识题库

出版人 董 宽
责任编辑 左 鹏
责任校对 张 彦
责任印制 栾征宇
出版发行 中国工人出版社
地　　址 北京市东城区鼓楼外大街45号 邮编：100120
网　　址 http://www.wp-china.com
电　　话 （010）62005043（总编室）
（010）62005039（印制管理中心）
（010）62382916（工会与劳动关系分社）
发行热线 （010）82029051 62383056
经　　销 各地书店
印　　刷 北京市密东印刷有限公司
开　　本 787毫米×1092毫米 1/32
印　　张 3.625
字　　数 40千字
版　　次 2023年7月第1版 2025年5月第2次印刷
定　　价 16.00元

本书如有破损、缺页、装订错误，请与本社印制管理中心联系更换

目　录
CONTENTS

单项选择题

扫码闯关答题

1. 马克思主义形成的主要标志是1848年2月出版的科学社会主义最伟大的纲领性文献，被列宁誉为“新世界观”的（　）。

A.《共产党宣言》　　B.《权利法案》

C.《人权宣言》　　D.《独立宣言》

2. （　）被称为“帝国主义和无产阶级革命时代的马克思主义”。

A. 孟什维克主义　　B. 科学社会主义

C. 列宁主义　　D. 自由主义

3. （　）提出了社会主义可能首先在一国或数国获得胜利的理论，进而创建了新型工人阶级政党的学说，发展了无产阶级专政学说。

A. 马克思　　B. 列宁

C. 恩格斯　　D. 斯大林

4. （　）年，列宁领导俄国人民取得了十月革命的伟大胜利，建立了世界上第一个社会主义国家。

A. 1917　B. 1918　C. 1927　D. 1937

5. 马克思的两个划时代的伟大发现，即“唯物史观”与“剩余价值理论”都是建立在（　）基础之上的。

A. 经济学说　　B. 劳动学说

C. 政治学说　　D. 道德学说

6. 马克思认为，（　）是整个社会生活的第一个基本条件。

A. 劳动　　B. 物质资料

C. 生产资料　　D. 财富

7. 在（　）中，马克思提出了“异化劳动理论”。

A.《1844 年经济学哲学手稿》

B.《德意志意识形态》

C.《关于费尔巴哈的提纲》

D.《共产党宣言》

8. 从人们的物质资料生产的劳动实践出发，马克思创立了历史唯物主义和（　）。

A. 唯物辩证法　　B. 剩余价值理论

C. 无产阶级观念　　D. 资本主义的本质

9. （　）和剩余价值论是马克思主义政治经济学最根本的观点，为深刻认识资本主义经济发展规律提供了重要的方法论原则。

A. 唯物辩证法　　B. 客观价值论

C. 劳动价值论　　D. 相对价值论

10. （　）明确提出迅速提高劳动生产率的思想。

A. 马克思　　B. 恩格斯

C. 列宁　　D. 斯大林

11. 1919 年，新生的苏维埃政权面临反对外国武装干涉、巩固无产阶级政权的严峻挑战。在这种形势下，莫斯科—喀山铁路分局的工人发起了（　）。

A. “共产主义星期四义务劳动”

B. “共产主义星期五义务劳动”

C. “共产主义星期六义务劳动”

D. “共产主义星期日义务劳动”

12. 1845 年，恩格斯根据亲身实践和考察，发表了（　）研究报告，认为工人阶级的状况是当代一切社会运动的真正基础和出发点。

A. 《英国工人阶级状况》

B. 《德意志意识形态》

C. 《论杜威》

D. 《家庭、私有制和国家的起源》

13. 19 世纪 60 年代，英国工人取得争取（　）法案斗争的胜利。

A. 9 小时工作制　　B. 10 小时工作制

C. 12 小时工作制　　D. 13 小时工作制

14. 《共产党宣言》把无产阶级国际主义团结的思想浓缩于（　）的伟大号召之中。

A. “全世界无产者，结合起来”

B. “全世界无产者，联合起来”

C. “全世界人民，联合起来”

D. “全世界人民，结合起来”

15. （ ），国际工人协会成立。这是马克思和恩格斯工会国际联合思想在组织上的具体化。

A. 1864 年 9 月　　B. 1864 年 10 月

C. 1865 年 9 月　　D. 1865 年 10 月

16. 1949 年 3 月，毛泽东同志在（ ）上提出了全心全意依靠工人阶级的根本指导方针。

A. 党的七大　　B. 党的七届二中全会

C. 党的七届三中全会　　D. 党的七届四中全会

17. 1957 年 2 月 27 日，毛泽东同志在《关于正确处理人民内部矛盾的问题》一文中指出，“我们的国家是工人阶级领导的以（ ）为基础的人民民主专政的国家”。

A. 工商联盟　　B. 农商联盟

C. 革命同盟　　D. 工农联盟

18. 1941年，（　）开展“五一”生产竞赛。

A. 陕甘宁边区　　B. 晋察冀边区

C. 晋冀鲁豫边区　　D. 苏皖边区

19. 毛泽东同志称赞（　）为“中国式的斯达汉诺夫”，并为他题词“钢铁英雄”。

A. 赵占魁　　B. 吴满有

C. 高兰英　　D. 郝树才

20. （　），全国战斗英雄代表会议和全国工农兵劳动模范代表会议在北京举行。

A. 1949年9月25日　　B. 1950年9月25日

C. 1950年10月25日　　D. 1954年9月25日

21. （　）作为人的本质力量的体现，在马克思主义整个思想理论体系中居于基础和核心地位。

A. 学习　　B. 生活　　C. 劳动　　D. 思想

22. 把实现四个现代化作为新时期工会的基本任务的思想，集中体现在邓小平同志在（　）上所作的《工人阶级要为实现四个现代化作出优异贡献》的致词中。

A. 中国工会七大　　B. 中国工会八大

C. 中国工会九大　　D. 中国工会十大

23. 2005 年 3 月，全国总工会机关保持共产党员先进性教育活动报告会首次提出了（　）的概念。

A. 中国特色社会主义工会发展道路

B. 中国特色社会主义发展道路

C. 中国社会主义工会发展道路

D. 中国特色社会主义道路

24. 中国特色社会主义工会发展道路的核心是（　）。

A. 坚持理论联系实际

B. 坚持社会主义性质

C. 坚持自觉接受党的领导

D. 坚持改革创新精神

25. 中国特色社会主义工会发展道路的根本是（　）。

A. 坚持工会的社会主义性质

B. 坚持积极实践探索

C. 坚持改革创新精神

D. 坚持理论联系实际

26. 中国特色社会主义工会发展道路的关键是（　）。

A. 坚持工会组织建设

B. 坚持维护职工群众合法权益

C. 坚持改革创新精神

D. 坚持理论联系实际

27. （　），习近平总书记在同全国劳动模范代表座谈时强调，中国特色社会主义工会发展道路是中国特色社会主义道路的重要组成部分。

A. 2012 年 4 月 28 日　　B. 2013 年 4 月 28 日

C. 2013 年 10 月 28 日　　D. 2015 年 4 月 28 日

28. （　），是习近平总书记关于工人阶级和工会工作的重要论述的关键，是做好工会工作的政治原则和根本保证。

A. 坚持党对工会工作的领导

B. 坚持党对工会工作的指导

C. 坚持政府对工会工作的领导

D. 坚持政府对工会工作的指导

29. 2013 年 10 月 23 日，习近平总书记在同全国总工会第十六届领导班子成员集体谈话时指出：“工会要永远保持自觉接受（　）这一优良传统。”

A. 党的领导　　B. 国家的领导

C. 政府的领导　　D. 国务院的领导

30. 党坚持运用（　）工运理论指导工人运动和工会工作。

A. 列宁主义　　B. 马克思主义

C. 马克思列宁主义　　D. 马克思恩格斯主义

31. （　），在党的历史上第一次由党中央召开了中央党的群团工作会议，习近平总书记出席会议并发表重要讲话。

A. 2014 年 7 月 6 日　　B. 2014 年 6 月 7 日

C. 2015 年 7 月 6 日　　D. 2015 年 6 月 7 日

32. 全国人大常委会副委员长、中华全国总工会主席王东明同志在中国工会十七大报告中，用（　）对习近平总书记关于工人阶级和工会工作的重要论述作了提炼、概括和阐释。

A. “六个坚持”　　B. “七个坚持”

C. “八个坚持”　　D. “九个坚持”

33. （　），习近平总书记同中华全国总工会第十七届领导班子成员集体谈话并发表重要讲话。他强调：“要加强和改进党对工会工作的领导，研究解决工会工作中的重大问题，推动建设一支高素质专业化的工会干部队伍，支持工会依法依章程创造性开展工作。”

A. 2017 年 10 月 29 日　　B. 2018 年 10 月 29 日

C. 2019 年 10 月 29 日　　D. 2020 年 10 月 29 日

34. 党的二十大报告明确提出，强调健全劳动法律法规，完善劳动关系协商协调机制，完善劳动者权益保障制度，加强灵活就业和（　）权益保障。

A. 妇女　　B. 职工

C. 农民工　　　　　　　D. 新就业形态劳动者

35.《工会法》明确规定，“工会必须遵守和维护宪法，以（　）为根本的活动准则，以经济建设为中心，坚持社会主义道路、坚持人民民主专政、坚持中国共产党的领导、坚持马克思列宁主义毛泽东思想邓小平理论，坚持改革开放，依照工会章程独立自主地开展工作”。

A. 宪法　　　　　　　B. 法律法规

C. 政府工作报告　　　D. 党章总纲

36.《中国工会章程》明确规定，“中国工会是中国共产党领导的职工自愿结合的工人阶级群众组织，是党联系职工群众的（　），是国家政权的重要社会支柱，是会员和职工利益的代表”。

A. 桥梁和臂膀　　　　B. 臂膀和支柱

C. 纽带和臂膀　　　　D. 桥梁和纽带

37. 中国工会是（　）性质的工会，离开党的领导，就会丢掉中国工会的最大优势，保持和增强政治性也就无从谈起。

A. 社会主义　　B. 共产主义

C. 民主主义　　D. 资本主义

38. 着眼于新时代工会工作面临的新情况，中国工会十七大提出了（　）的实践要求。

A. “四个立足”　　B. “五个立足”

C. “六个坚持”　　D. “七个坚持”

39. 中国近代工业的产生和发展过程中，大多数工人阶级来自（　）。

A. 留学生　　B. 商人

C. 破产农民　　D. 政府要员

40. 习近平总书记指出，（　）是当代中国发展进步的根本方向，是实现中国梦的必由之路。

A. 中国特色社会主义　　B. 改革开放

C. 高速发展　　D. 以经济建设为中心

41. 习近平总书记指出，实现中国梦必须弘扬（　）。

A. 大无畏精神　　B. 奉献精神

C. 坚韧精神　　D. 中国精神

42. 毛泽东同志在（　）上提出，“我们必须全心全意地依靠工人阶级”。

A. 政协第一届全体会议

B. 古田会议

C. 党的七届二中全会

D. 第一届全国人民代表大会第一次会议

43. 在当代中国，（　）和广大劳动群众始终是推动我国经济社会发展、维护社会安定团结的根本力量。

A. 工人阶级　　B. 农民阶级

C. 小资产阶级　　D. 民族资产阶级

44. 从2020年起，我国将每（　）举办一届全国技能大赛，打造全新的、综合性的国家职业技能竞赛品牌。

A. 2年　　B. 3年　　C. 4年　　D. 5年

45. 要做到在素质上提高，就是要加强（　），积极创新思想政治工作的思路理念，通过生动活泼、灵活多样、喜闻乐见的方式，扎实细致地做好职工思想政治工作。

A. 理想信念教育　　B. 技能培育

C. 美感教育　　D. 智力开发

46. 推动实施更加积极的就业政策，推动援企稳岗政策落实落地，不断完善就业创业扶持政策、降低就业创业成本，支持广大劳动群众积极就业、大胆创业，努力实现职工（　）。

A. 少转岗、少下岗，多就业、少失业

B. 多转岗、多下岗，多就业、少失业

C. 多转岗、少下岗，多就业、少失业

D. 少转岗、少下岗，少就业、少失业

47. 在权益上维护，就是要始终坚持（　）的发展思想，建立健全党政主导的维权机制，切实维护职工群众的劳动就业、技能培训、收入分配、社会保障、安全卫生等合法权益，排除阻碍劳动者参与发展、分享发展成果的障碍，努力让劳动者实现体面劳动、舒心工作、全面发展。

A. 以经济建设为中心　　B. 以企业为中心

C. 以领导干部为中心　　D. 以人民为中心

48. 推进产业工人队伍建设改革，是全面贯彻落实（　）方针的充分体现。

A. 工厂工人激励计划

B. 全心全意依靠工人阶级

C. 工人阶级指导

D. 安全生产工作

49.《新时期产业工人队伍建设改革方案》在国家层面首次使用（　）概念。

A. “文化形成体系”

B. “经济形成体系”

C. “商业形成体系”

D. “技能形成体系”

50. 习近平总书记多次强调，（　）是中华民族近代以来最伟大的梦想。

A. 实现中华民族伟大复兴

B. 实现共产主义

C. 实现社会主义

D. 实现中国经济腾飞

51. 我国工人运动的时代主题，是（　）。

A. 为全面建成小康社会而奋斗

B. 为实现中华民族伟大复兴的中国梦而奋斗

C. 为实现中国经济社会的全面发展而奋斗

D. 为加快推进中华民族的伟大复兴而奋斗

52. 在新民主主义革命时期，我国工人运动为实现（　）而奋斗。

A. 国家富强、人民富裕

B. 民族复兴、人民幸福

C. 民族独立、人民解放

D. 民族独立、国家富强

53. （　），是党和国家工作大局，是当代中国的时代主题，毋庸置疑更是当代中国工人运动的时代主题。

A. 全面把握中国梦的丰富思想

B. 凝聚中国梦

C. 实现中华民族伟大复兴的中国梦

D. 同心共筑中国梦

54. （　）是工人阶级和工会组织先进性的重要体现。

A. 我国工人运动的时代主题

B. 维护职工合法权益

C. 竭诚服务职工群众

D. 中国工人运动

55. （　）是工会组织源自血脉的“红色基因”，是党的先锋队性质赋予它所领导的工会组织的天然属性，工会承担着组织动员广大职工为完成党的中心任务而共同奋斗的重大责任。

A. 先进性　　B. 进步性

C. 科学性　　D. 革命性

56. 按照工会组织（　）的要求，全国总工会要求各级工会努力克服自上而下的“行政化”的工作方式，将工作重心下移，开展基层工会的活动。

A. 群众化、民主化　　B. 制度化、科学化

C. 理论化、学术化　　D. 实践化、标准化

57. 习近平总书记指出，（　）是工会的传统优势、工作品牌，新时代要注入新内涵。

A. 职业生涯规划　　B. 劳动和技能竞赛

C. 维护员工合法权益　　D. 参与组织管理

58. 中国工会十七大报告指出，要把（　）、凝聚力量作为工会思想政治工作的重要任务。

A. 统一目标　　B. 统一行动

C. 统一管理　　D. 统一思想

59. 习近平总书记指出，（　）对一个国家、一个民族发展至关重要。劳动者的知识和才能积累越多，创造能力就越大。

A. 劳动者素质　　B. 劳动者品质

C. 劳动者教养　　D. 劳动者文化

60. 中国特色社会主义工会发展道路是中国工运事业蓬勃发展的必由之路、（ ）、胜利之路。

A. 成功之路　　B. 奋斗之路

C. 腾飞之路　　D. 发展之路

61. 党的十八大以来，习近平总书记多次就工人阶级和工会工作发表重要讲话、作出重要指示，提出了一系列（ ），形成了习近平总书记关于工人阶级和工会工作的重要论述。

A. 新思想新境界新要求　　B. 新思维新观点新要求

C. 新思想新观点新主张　　D. 新思想新观点新要求

62. （ ）是中国特色社会主义道路在群团工作领域的具体展开。这条道路是在党探索中国特色社会主义工会发展道路、中国特色社会主义青年运动方向、中国特色社会主义妇女发展道路的长期实践中形成和发展起来的，符合我国国情和历史发展趋势。

A. 中国特色社会主义工业化道路

B. 中国特色社会主义现代化道路

C. 中国特色社会主义群团发展道路

D. 中国特色社会主义工会发展道路

63. 毫不动摇坚持中国特色社会主义群团发展道路，就要全面把握这条道路（ ）的基本要求和“三统一”的基本特征，最广泛地把群众组织起来、动员起来、团结起来，奋力推进中国特色社会主义伟大事业。

A. “六个坚持”　　B. “七个坚持”

C. “八个坚持”　　D. “四个坚持”

64. 中国特色社会主义工会发展道路内涵十分丰富，主要包括八个方面，可简要概括为（ ）。

A. “八个方向”　　B. “八个提升”

C. “八个坚持”　　D. “八个落实”

65. 我国（ ）是先进生产力和生产关系的代表，是推进中国特色社会主义伟大事业的主力军。

A. 职工群众　　B. 工人阶级

C. 工会干部　　D. 工会会员代表

66. 结合实际创新工会组织体制、运行机制和活动方式，建设学习型、服务型、（ ）工会。

A. 创造型　　B. 创新型

C. 创意型　　D. 创举型

67. 中国特色社会主义工会发展道路的核心是坚持（ ），体现的是中国工会的政治属性。

A. 自觉接受党的领导

B. 自觉接受社会监督

C. 自觉接受党的纪律的约束

D. 自觉接受群众监督

68. 2013 年 10 月 23 日，习近平总书记在同全国总工会第十六届领导班子成员集体谈话时强调，坚持党的领导，就要坚持中国特色社会主义工会发展道路，保持战略定力，增强坚持和拓展这条道路的（ ），不为任何风险所惧、不为任何干扰所惑，勇于实践、勇于创新，努力使这条道路越走越宽广。

A. 责任心和使命感

B. 紧迫感和责任心

C. 责任心和信念感

D. 使命感和价值观

69. （　）是中华民族伟大精神的集中体现，也是工人阶级精神风貌的最好展示。

A. 劳动精神　　B. 劳模精神

C. 爱国精神　　D. 工匠精神

70. 2014 年 4 月 30 日，习近平总书记在乌鲁木齐接见劳动模范和先进工作者、先进人物代表时指出，我们要在全社会大力弘扬劳动光荣、知识崇高、人才宝贵、（　）的时代新风，促使全体社会成员弘扬劳动精神。

A. 创新伟大　　B. 崇尚改革

C. 创造伟大　　D. 精益求精

71. 早在 20 世纪 30 年代，为发展生产，武装自己，在中国共产党的领导和组织下，部分苏区开展了热火朝天的生产运动，出现了生产竞赛的实践活动。

毛泽东同志在（　）中，曾提议“每一次竞赛，都要作出总结，并且给奖”。

A.《星星之火，可以燎原》 B.《长冈乡调查》

C.《反对本本主义》 D.《实践论》

72. 1950 年 9 月，为了表彰群众生产运动中涌现的劳动模范，中央人民政府政务院召开全国战斗英雄代表会议和全国工农兵劳动模范代表会议，（　）人被授予全国劳动模范称号。

A. 464 B. 474 C. 455 D. 480

73. 创造万能工具胎、被大家誉为走在时间前面的人是（　）。

A. 王崇伦 B. 孟泰

C. 倪志福 D. 郝建秀

74. （　），是“两个一百年”奋斗目标的历史交汇期，我们既要全面建成小康社会、实现第一个百年奋斗目标，又要乘势而上开启全面建设社会主义现代化国家新征程，向第二个百年奋斗目标进军。

A. 党的十九大到二十大

B. 党的十八大到十九大

C. 党的十七大到十八大

D. 党的十八大到二十大

75. （　），中共中央、国务院出台了《关于全面加强新时代大中小学劳动教育的意见》，强调要把劳动教育与德育、智育、体育、美育相融合，积极探索具有中国特色的劳动教育模式。

A. 2021 年 3 月 20 日　　B. 2020 年 3 月 20 日

C. 2020 年 5 月 11 日　　D. 2021 年 5 月 11 日

76. 尊重劳动，首先要尊重在一切劳动形式下从事劳动的主体即（　）。

A. 劳动对象　　B. 劳动者

C. 工人和农民　　D. 知识分子

77. 马克思阐述了对共产主义的基本认识，认为共产主义是私有财产即人的自我异化的（　）。

A. 积极扬弃　　B. 消极否定

C. 积极应对　　　　　　D. 消极抵制

78. 习近平总书记强调，要在学生中弘扬劳动精神，教育引导学生崇尚劳动、尊重劳动，懂得劳动最光荣、劳动最崇高、劳动最伟大、劳动最美丽的道理，长大后能够辛勤劳动、诚实劳动、（　）。

A. 热爱劳动　　　　　　B. 尊重劳动

C. 主动劳动　　　　　　D. 创造性劳动

79. 马克思指出："工会应该向全世界证明，它们绝不是为了狭隘的利己主义的利益，而是为了千百万被压迫者的解放进行斗争。"在这里，马克思把（　）和工人阶级的历史使命紧密地联系在一起。

A. 工会的未来　　　　　　B. 工会的优势

C. 工会的特色　　　　　　D. 工会的任务

80. 2015 年 4 月 28 日，习近平总书记在庆祝"五一"国际劳动节暨表彰全国劳动模范和先进工作者大会上发表重要讲话，强调要坚决履行维护职工合法权益的基本职责，把竭诚（　）作为工会一切工作的出发点和落脚点。

A. 为职工群众服务　　B. 为职工群众办实事

C. 依靠职工群众　　D. 维护职工群众权益

81. 1988 年，中国工会十一大明确了工会的维护、建设、参与、教育四项社会职能，并写入了（　），以法律形式进行确立。

A.《工会法》　　B.《劳动法》

C.《合同法》　　D.《民法》

82. 2001 年《工会法》修改，在法律上进一步将中国工会的基本职责确定为（　）。

A. “维护广大职工的民主权利”

B. “调动和发挥广大职工的积极性、创造性”

C. “维护职工合法权益”

D. “依法维护广大职工的经济利益”

83. 恩格斯把（　）看成是工人运动的发展标志。

A. 工会与党在政治斗争中协同动作

B. 工会与党在经济生活中协同动作

C. 工会与党在文化活动中协同动作

D. 工会与党在形势判断中协同动作

84. 2020年5月29日，习近平总书记就“切实实施民法典”主持中央政治局第二十次集体学习，明确指出全党要切实推动民法典实施，以更好推进（ ）、建设（ ），更好保障人民权益。

A. 全面建成小康社会　社会主义法治国家

B. 全面依法治国　社会主义法治国家

C. 全面深化改革　社会主义现代化国家

D. 法治建设　社会主义现代化国家

85. 2018年10月29日，习近平总书记在同全国总工会第十七届领导班子成员集体谈话时强调，工会要认真履行（ ）的基本职责。

A. 提升维权服务的质量、维护职工合法权益

B. 维护职工合法权益、竭诚服务职工群众

C. 完善协调劳动关系、积极化解劳动矛盾

D. 健全服务职工体系、推动完善职工福利制度

86. （　）是民生之源，是职工劳动经济权益的核心，也是工会维权的重点。

A. 工资收入　　B. 充分就业

C. 社会保险　　D. 住房保障

87. （　）是民生的安全网，是职工重要的社会经济权利，是保障人民生活、调节社会分配的一项基本制度。

A. 社会保险　　B. 社会福利

C. 社会保障　　D. 社会安全

88. （　）是否和谐，事关广大职工和企业的切身利益，事关经济发展与社会和谐，是加强和创新社会治理的重要内容。

A. 生产关系　　B. 社会关系

C. 人际关系　　D. 劳动关系

89. （　）是党的生命线和根本工作路线。

A. 政治路线　　B. 群众路线

C. 思想路线　　D. 组织路线

90. （　）是工会组织的根本特点。

A. 政治性　　B. 先进性

C. 群众性　　D. 创新性

91. 1943 年，毛泽东在（　）中，结合革命实践对群众路线作了系统阐述，强调“在我党的一切实际工作中，凡属正确的领导，必须是从群众中来，到群众中去”。

A. 《关于领导方法的若干问题》

B. 《中国社会各阶级的分析》

C. 《新民主主义论》

D. 《在延安文艺座谈会上的讲话》

92. 习近平总书记关于加强基层工会建设提出了“三个着力”的重要批示，“三个着力”是指（　），着力强化服务意识、提高维权能力，着力加强队伍建设、提升保障水平。

A. 着力加强群众性、服务职工群众

B. 着力扩大覆盖面、增强代表性

C. 着力建设基层组织、增强覆盖面

D. 着力加强制度建设、完善制度规范

93. 习近平总书记在中央党的群团工作会议上的讲话中指出，群团组织做服务工作具有两重性，既要服务党和国家工作大局，也要（　），不能把两者割裂开来，也不能畸轻畸重。

A. 加强社会治理　　B. 服务群众

C. 倾听社会声音　　D. 加强自身建设

94. （　）是中国新民主主义革命的开端，也是中国工人阶级以独立姿态登上历史舞台的标志。

A. 五四运动　　B. 五一运动

C. 新文化运动　　D. 保路运动

95. 1920 年 11 月，共产党早期组织领导的第一个工会——（　）宣告成立，最初会员有 370 余人。

A. 上海印刷工会　　B. 上海机器工会

C. 广东机器工会　　D. 香港海员工会

96. 1921 年 5 月 1 日，北方工人运动的摇篮——（　）

成立。

A. 安源路矿工人俱乐部　　B. 北京工人俱乐部

C. 长辛店工人俱乐部　　D. 香港海员工人俱乐部

97. 党在成立后就十分注意与工人阶级建立密切的联系。《中国共产党第一个决议》规定，党在当前的基本任务是（　），党应在工会里灌输阶级斗争的精神，要派党员去工会工作。

A. 成立产业工会　　B. 成立党支部

C. 成立农协会　　D. 成立青年团

98. 为了大力开展工人运动，1921 年 8 月，中国共产党在上海成立了第一个公开领导职工运动的总机关——（　）。

A. 中央职工运动委员会　　B. 中国劳动组合书记部

C. 中华全国总工会　　D. 工人运动委员会

99. 1922 年 5 月，第一次全国劳动大会在（　）召开，这是中国工人阶级第一次全国性的盛会。

A. 北京　　B. 上海　　C. 广州　　D. 长沙

100. 中华全国总工会成立于（　）年，是全国工人阶级在中国共产党的领导下，实现了全国工会在政治上与组织上的团结与统一的标志。

A. 1924　B. 1925　C. 1926　D. 1927

101. 中国共产党第一次独立领导并取得完全胜利的大罢工是（　）。

A. 京汉铁路工人大罢工　B. 开滦煤矿工人大罢工

C. 香港海员工人大罢工　D. 安源路矿工人大罢工

102. 省港大罢工历时（　），是世界工运史上时间最长的一次大罢工。

A. 1 年零 2 个月　B. 1 年零 3 个月

C. 1 年零 4 个月　D. 1 年零 5 个月

103. 陕甘宁边区总工会成立于（　）。

A. 1936 年　B. 1937 年

C. 1938 年　D. 1939 年

104. 1948 年 8 月 1 日至 22 日，（　）全国劳动大会在东北解放区首府哈尔滨召开，会议决定恢复具有光荣革命传统的中华全国总工会。

A. 第四次　　B. 第五次

C. 第六次　　D. 第七次

105. 1950 年 6 月 29 日，毛泽东发布中央人民政府命令，公布（　），这是新中国成立后颁布的第二部法律，也是新中国成立后国家颁布的第一部关于工会的法律。

A. 《中华人民共和国婚姻法》

B. 《中华人民共和国土地法》

C. 《中华人民共和国工会法》

D. 《中华人民共和国劳动合同法》

106. 中国工会第七次全国代表大会是新中国成立后首次召开的工会全国代表大会，确立了（　）的工会工作方针，标志着中国工人运动和工会工作进入一个新的历史时期。

A. “以运动为中心，生产、生活、教育三位一体”

B. “以教育为中心，教育、生产、生活三位一体”

C. “以生活为中心，生活、生产、教育三位一体”

D. “以生产为中心，生产、生活、教育三位一体”

107. 在新中国成立初期工运理论探索中，（　）提出了“保护职工群众物质利益和民主权利是工会的独特任务”的重要观点。

A. 刘少奇　　B. 李立三

C. 邓子恢　　D. 赖若愚

108. 1958 年下半年，“大跃进”和人民公社化运动全面掀起。与之相联系，在工运领域形成以“取消县工会”为主要内容的（　）风。

A. 工会无用　　B. 工会消亡

C. 砸烂工会　　D. 取代工会

109. 1977 年 8 月，（　）明确提出，要加强党对工会、共青团、妇联等群众组织的领导，把这些组织整顿好、建设好，充分发挥它们应有的作用。

A. 党的九大　　B. 党的十大

C. 党的十一大　　D. 党的十二大

110. 1978 年 4 月，全国总工会（ ）召开，这是全总停止活动长达 11 年之后召开的第一次执委会议，标志着全国总工会作为全国工会组织的最高领导机关的活动正式恢复。

A. 八届四次执委会议

B. 八届五次执委会议

C. 八届六次执委会议

D. 八届七次执委扩大会议

111. （ ）中国工会第九次全国代表大会在北京隆重举行。这次大会是与中国工会八大相隔 21 年之后，我国社会主义建设事业进入新的历史发展时期工会的首次盛会。

A. 1978 年 10 月 11 日至 21 日

B. 1979 年 10 月 11 日至 21 日

C. 1980 年 10 月 11 日至 21 日

D. 1981 年 10 月 11 日至 21 日

112. 为了贯彻党的十一届三中全会精神，全国总工会于 1979 年 2 月召开了九届二次常委会议，强调：“工会的一切工作、一切活动都应该紧紧围绕着（　）这个中心进行。”

A. 以阶级斗争为纲

B. 无产阶级专政下继续革命

C. 社会主义现代化建设

D. 社会主义民主和法制建设

113. 1988 年 10 月，中国工会十一大通过的《工会改革的基本设想》，明确了工会的四项职能是（　）。

A. 维护、建设、参与、教育

B. 维权、建设、参与、教育

C. 改革、建设、参与、教育

D. 服务、建设、参与、教育

114. 1989 年 12 月，中共中央颁发《关于加强和改善对工会、共青团、妇联工作领导的通知》，阐明了社会主义建设时期加强和改善党对群众工作领导的重要意义，强调党组织要对工会、共青团、妇联实行

（　）领导。

A. 整体　B. 统一　C. 分层　D. 直接

115. 1992年4月3日，修改后的（　）正式颁布实施，这是中国职工政治生活中的一件大事，也是工会建设史上的一件大事。

A.《中华人民共和国劳动法》

B.《中华人民共和国劳动合同法》

C.《中华人民共和国工会法》

D.《中华人民共和国就业促进法》

116. 1993年10月24日至30日，中国工会第十二次全国代表大会在北京召开。大会选举（　）为中华全国总工会主席。

A. 尉健行　B. 张丁华

C. 杨兴富　D. 李奇生

117. 1994年7月5日，全国人民代表大会常务委员会第八次会议审议通过《中华人民共和国劳动法》，自（　）起施行。

A. 1994 年 7 月 5 日　　B. 1995 年 1 月 1 日

C. 1995 年 5 月 1 日　　D. 1995 年 10 月 1 日

118. “以贯彻实施《劳动法》为契机和突破口，带动工会各项工作，推动自身改革和建设，努力把工会工作提高到一个新水平，在改革、发展、稳定中更好地发挥作用。”这是全国总工会第十二届二次执委会议确定的新时期（　）。

A. 工会工作总体思路　　B. 工会工作基本原则

C. 工会工作具体措施　　D. 工会工作基础理论

119. 为了完成中国工会十三大提出的今后五年工会工作主要任务，1999 年 10 月，全国总工会召开第十三届三次主席团会议，明确提出要实现工会工作的（　）。

A. “五突破一加强”　　B. “三个最大限度”

C. “两手抓”　　D. “两个普遍”

120. “五突破一加强”要求各级工会深入实施“送温暖工程”，对特困职工承担起（　）职责。

A. 第一资助人　　B. 第一责任人

C. 第一联系人　　D. 第一安抚人

121. 2001 年修改的《工会法》首次明确“维护职工合法权益是工会的（　）”，为工会实现维护职能提供有力的法律依据和保障。

A. 基本任务　　B. 基本目标

C. 基本职责　　D. 基本原则

122. 2003 年 9 月，中国工会十四大召开。大会明确把积极参与协调劳动关系和社会利益关系，促进（　）的建设更加完善，作为此后五年工会工作的任务之一。

A. 劳动关系调整机制　　B. 社会关系调整机制

C. 经济关系调整机制　　D. 利益关系调整机制

123. 2004 年 12 月，全国总工会第十四届二次执委会议把（　）确立为新时期工会工作方针。

A. “围绕中心，服务大局”

B. “党建带工建，工建促党建”

C. “组织起来，切实维权”

D. “重视基层，活跃基层”

124. 保持和增强“三性”，是党中央对群团工作和群团组织最重要的要求。“三性”是指（　）。

A. 政治性、先进性、群众性

B. 政治性、先进性、自觉性

C. 先进性、群众性、自觉性

D. 群众性、先进性、主动性

125. 2015 年 4 月 28 日，习近平总书记在庆祝“五一”国际劳动节暨表彰全国劳动模范和先进工作者大会上，首次明确提出要打造健康文明、昂扬向上的（　）。

A. 群众文化　　B. 工会文化

C. 企业文化　　D. 职工文化

126. （　）是群团组织的灵魂，是第一位的。

A. 政治性　　B. 群众性

C. 先进性　　D. 自觉性

127. 工会要在党的统一领导下，遵循党的基本路线，围绕党在每个时期的中心任务进行工作。同时，党组织应当支持工会依照法律和章程，执行他们上级组织的决议，（　）开展工作。

A. 独立自主地、创造性地

B. 独立自主地、主动地

C. 创造性地、自主性地

D. 创造性地、协商性地

128. （　）是群团工作的力量之源。

A. 政治性　　B. 先进性

C. 群众性　　D. 自觉性

129. 工会在巩固传统领域建会入会基础上，重点加强“三新”领域工会组织建设，大力推行（　）模式。

A. “重点建、行业建、兜底建”

B. “重点建、行业建、顶层建”

C. “分散建、行业建、兜底建”

D. “重点建、个人建、兜底建”

130. 失去了（　），工会组织和工会工作就成了无源之水、无本之木。

A. 政治性　　B. 先进性

C. 群众性　　D. 自觉性

131. （　）、竭诚服务职工群众是工会一切工作的出发点和落脚点。

A. 维护职工合法权益　　B. 提高职工收入水平

C. 搭建职工创新平台　　D. 完善职工疗休养

132. 工会的维护职能，即工会维护职工群众的（　）的职能。

A. 合法利益和民主权利　　B. 经济利益和社会地位

C. 合法收益和选举权利　　D. 社会收益和民主权利

133. 工会主要通过（　）手段实现维护职能。

A. 说教　　B. 法律

C. 调节　　D. 信访

134. 工会的建设职能，即工会吸引职工群众参加（　）。

A. 建设和改革　　B. 创新和竞赛

C. 建设和竞赛　　D. 改革和创新

135. 工会主要通过（　）实现建设职能。

A. 命令和行政手段　　B. 管理职工

C. 动员职工　　D. 下达任务指标

136. 工会的参与职能，即工会代表和组织职工参与国家和社会事务管理，参与企事业单位的（　）的职能。

A. 经营管理　　B. 社会管理

C. 民主协商　　D. 民主管理

137. 工会作为（　）的代表者，是把党和国家与广大职工紧密联结在一起的纽带和桥梁。

A. 职工群众　　B. 妇女群众

C. 农民群众　　D. 工农妇女

138. 工会主要通过（　）实现参与职能。

A. 命令和行政手段　　B. 管理职工

C. 民主监督　　D. 下达任务指标

139. 工会的（　），即工会帮助职工不断提高思想政治觉悟和文化技术素质，成为职工群众在实践中学习共产主义的学校的职能。

A. 教育职能　　B. 管理职能

C. 参与职能　　D. 建设职能

140. 工会主要通过（　）实现教育职能。

A. 命令和行政手段　　B. 管理职工

C. 实践活动　　D. 下达任务指标

141. 1925 年召开的第二次全国劳动大会通过了（　）。

A.《工会总章》

B.《全国总工会总章》

C.《中华全国总工会章程》

D.《中华全国总工会总章》

142. 1948 年 8 月，第六次全国劳动大会恢复成立中华全国总工会，通过的《中华全国总工会章程》，明确宗旨为（　）。

A. 团结全国职工、保护职工利益

B. 团结工农商学兵、保护群众利益

C. 维护合法权益、保护合法财产

D. 团结全国职工、保护合法权益

143. 1978年，（　）通过的工会章程规定，工会新时期基本方针之一，就是在发展生产的基础上逐步改善职工群众的物质文化生活。

A. 中国工会八大　　B. 中国工会九大

C. 中国工会十大　　D. 中国工会十一大

144. 1983年，（　）通过的工会章程明确新时期工会工作方针是以四化建设为中心，为职工说话、办事，维护职工的合法权益。

A. 中国工会八大　　B. 中国工会九大

C. 中国工会十大　　D. 中国工会十一大

145. 2018年10月，（　）通过的《中国工会章程》将工会基本职责拓展为“维护职工合法权益、竭诚服务职工群众”。

A. 中国工会十四大　　B. 中国工会十五大

C. 中国工会十六大　　D. 中国工会十七大

146. 劳动关系是（　）的重要组成部分，是最基本、最重要的社会关系，也是工会存在和发展的客观基础。

A. 物质关系　　B. 经济关系

C. 价值关系　　D. 生产关系

147. 劳动关系是自工业革命以来劳动者与劳动力使用者及其相关组织在社会经济活动和实现劳动过程中构成的一种（　）。

A. 社会关系　　B. 经济关系

C. 价值关系　　D. 物质关系

148. 我国《劳动法》将劳动关系双方的构成主体规定为（　）。

A. 生产者和公司　　B. 劳动者与用人单位

C. 购买者和消费者　　D. 职工和单位

149. 劳动关系双方是矛盾的统一体，既有根本利益的一致性，也有具体利益的差异性，其矛盾的性质是（　），是人民内部矛盾。

A. 非对抗性的　　B. 对抗性的

C. 对立的　　D. 不可调和的

150. 个别劳动关系指劳动者个人与用人单位之间的（　），是企业一级的劳动关系，也是劳动关系的基础。

A. 社会法律关系　　B. 社会经济关系

C. 法律经济关系　　D. 经济道德关系

151. 集体劳动关系指以（　）为代表的劳动者与经营者或经营者组织构成的社会关系。

A. 委员会　　B. 单位

C. 企业　　D. 工会

152. 社会劳动关系即整个社会层面的劳动关系，又称产业关系，是包括（　）、经营者及经营者组织、政府在内的三方关系。

A. 单位及职工　　B. 经营者及工会

C. 劳动者及工会　　D. 生产者及委员会

153. 2004 年 12 月召开的全国总工会十四届二次执委会议，确定了（　）的工作方针。

A. “组织起来、切实维权”

B. “团结起来、切实维权”

C. “组织起来、加强合作”

D. “团结起来、加强合作”

154. 2005 年 7 月，全国总工会（　）会议通过了《关于坚持走中国特色社会主义工会发展道路的决议》。

A. 十四届四次主席团　　B. 十四届五次主席团

C. 十四届六次主席团　　D. 十四届七次主席团

155. 2015 年 7 月 6 日，习近平总书记在中央党的群团工作会议上发表重要讲话，对加强和改进新形势下党的群团工作提出明确要求，要切实保持和增强党的群团工作的（　）。

A. 政治性、先进性、群众性

B. 理论性、实践性、群众性

C. 普遍性、先进性、指导性

D. 政治性、阶级性、纪律性

156.《关于构建社会主义和谐社会若干重大问题的决定》首次提出（　），并将其作为推进以改善民生为重点的社会建设、构建和谐社会的重要任务。

A.“发展美好劳动关系”

B.“发展和谐生产关系”

C.“发展和谐劳动关系”

D.“发展和谐经济关系”

157.（　），全国构建和谐劳动关系先进表彰暨经验交流会召开，这是改革开放以来第一次全国性研究部署构建和谐劳动关系的工作会议，明确把构建和谐劳动关系作为一项重要而紧迫的政治任务。

A. 2010 年 7 月　　B. 2010 年 8 月

C. 2011 年 7 月　　D. 2011 年 8 月

158. 要完善政府、工会、企业共同参与的（　），构建和谐劳动关系。

A. 座谈会商机制　　B. 会议协商机制

C. 协商协调机制　　D. 谈判会商机制

159. （　），中共中央、国务院颁发《关于构建和谐劳动关系的意见》，对构建和谐劳动关系的指导思想、工作原则和目标任务作了清晰论述。

A. 2013 年 7 月　　B. 2014 年 3 月

C. 2014 年 7 月　　D. 2015 年 3 月

160. （　）文件的出台，标志着“中国特色和谐劳动关系”治理模式的初步形成。

A.《关于构建和谐生产关系的意见》

B.《关于构建美好劳动关系的意见》

C.《关于构建和谐劳动关系的意见》

D.《关于构建和谐经济关系的意见》

161. （　）作为确立劳动关系的法律形式，其作用是使劳动者个人与用人单位通过签订合同而形成具有明确权利、义务的法律关系。

A. 劳动合同　　B. 协议说明

C. 协议文书　　　　　D. 说明文件

162. （　），《中华人民共和国劳动合同法》经第十届全国人大常委会第二十八次会议审议通过。

A. 2006 年 5 月 29 日　　B. 2006 年 6 月 29 日

C. 2007 年 5 月 29 日　　D. 2007 年 6 月 29 日

163. 2006 年 10 月 11 日，（　）通过的《中共中央关于构建社会主义和谐社会若干重大问题的决定》，首次提出全面实行集体协商制度。

A. 党的十五届五中全会　B. 党的十五届六中全会

C. 党的十六届五中全会　D. 党的十六届六中全会

164. （　）将“推行企业工资集体协商制度，保护劳动所得”作为千方百计增加居民收入的重要举措。

A. 党的十六大报告　　B. 党的十七大报告

C. 党的十八大报告　　D. 党的十九大报告

165. 2013 年 11 月 12 日，（　）进一步要求，“健全工资决定和正常增长机制，完善最低工资和工资支付保障制度，完善企业工资集体协商制度”。

A. 党的十七届二中全会　B. 党的十七届三中全会

C. 党的十八届二中全会　D. 党的十八届三中全会

166. 1990 年 9 月 7 日，全国人大常委会批准了（　），即 1976 年（国际劳工标准）三方协商公约（《三方协商促进履行国际劳工标准公约》），表明我国作出了在劳动关系调整中实施三方机制的承诺。

A. 国际劳工组织 144 号公约

B. 国际劳工组织 145 号公约

C. 国际劳工组织 146 号公约

D. 国际劳工组织 147 号公约

167. （　），标志着我国国家级三方会议制度的建立。

A.《国家协调生产关系三方会议制度》

B.《国家协调劳动关系三方会议制度》

C.《国家协调雇佣关系三方会议制度》

D.《国家协调劳务关系三方会议制度》

168. （　），第九届全国人大常委会第二十四次会议通过修改的《中华人民共和国工会法》，首次在法律中明确规定建立劳动关系三方协商机制。

A. 2000 年 10 月 17 日　　B. 2000 年 10 月 27 日

C. 2001 年 10 月 17 日　　D. 2001 年 10 月 27 日

169. 2012 年 2 月，中央纪委、中央组织部、国务院国资委、监察部、全国总工会、全国工商联联合下发了（　）。

A.《企业经济管理规定》

B.《企业文化管理规定》

C.《企业民主管理规定》

D.《企业制度管理规定》

170. 2022 年 3 月，全国厂务公开协调小组办公室印发了（　），这是在全面整合职工代表大会相关法律法规规范性文件基础上，规范职工代表大会制度建设，推动新时代企业民主管理工作高质量发展的一个重要的指导性文件。

A.《职工代表大会操作指南》

B.《职工代表大会操作手册》

C.《职工代表大会操作指引》

D.《职工代表大会操作规程》

171.《劳动法》确立了（　）的劳动争议处理制度。

A.“一调一裁两审”　　B.“两调两裁两审”

C.“一调三裁三审”　　D.“一调两裁两审”

172.（　），《劳动争议调解仲裁法》颁布，进一步推动了建立规范有序、和谐稳定的新型劳动关系。

A. 2006 年 11 月 29 日　　B. 2006 年 12 月 29 日

C. 2007 年 11 月 29 日　　D. 2007 年 12 月 29 日

173.（　），人力资源社会保障部、国家发展改革委、交通运输部、应急部、市场监管总局、国家医保局、最高人民法院、全国总工会八个部门联合印发《关于维护新就业形态劳动者劳动保障权益的指导意见》。

A. 2020 年 6 月　　B. 2020 年 7 月

C. 2021 年 6 月　　D. 2021 年 7 月

174. 2022 年 12 月，最高人民法院印发《关于为稳定就业提供司法服务和保障的意见》，要求依法合理认定（　）。

A. 就业劳动关系　　B. 劳动关系

C. 新就业形态劳动关系　　D. 就业形态劳动关系

175. 2021 年 4 月，习近平总书记在广西考察时要求，要完善多渠道灵活就业的（　），维护好卡车司机、快递小哥、外卖配送员等的合法权益。

A. 安全生产制度　　B. 养老保险制度

C. 就业保障制度　　D. 社会保障制度

176. 马克思在其起草的《国际工人协会成立宣言》中，充分肯定了工人争取（　）工作制法案和进行合作运动的重大意义。

A. 10 小时　　B. 12 小时

C. 16 小时　　D. 18 小时

177. 聚焦关心关爱和维权服务，全国总工会开展全国模范职工之家“结对共建”试点活动，深化（　）一体化建设，大力推进工会户外劳动者服务站点建设。

A. “点、站、家” B. “点、会、站”

C. “点、角、家” D. “会、站、家”

178. 在构建和谐劳动关系中，坚持（　），把劳动关系的建立、运行、监督、调处的全过程纳入法治化轨道，健全劳动保障法律法规。

A. 依规构建 B. 协商构建

C. 依法构建 D. 协调构建

179. （　）正式宣告成立中华全国总工会。

A. 第一次全国劳动大会 B. 第二次全国劳动大会

C. 第三次全国劳动大会 D. 第四次全国劳动大会

180. （　），中华全国总工会成立全国总工会苏区执行局。

A. 1931 年 2 月 B. 1932 年 2 月

C. 1933 年 2 月 D. 1934 年 2 月

181. 1933 年 2 月，中华全国总工会随中共中央由上海迁入中央苏区（　），撤销了全国总工会苏区执行局，改设全国总工会苏区中央执行局。

A. 延安　　B. 西柏坡

C. 瑞金　　D. 井冈山

182. 马克思在《哲学的贫困》中指出，大工业把大批互不相识的人们聚集在一个地方，他们具有维护工资这一对付老板的共同利益。使他们联合起来的共同思想是（　）。

A. 忍受、组织同盟　　B. 反抗、组织同盟

C. 反抗、各自为战　　D. 忍受、各自为战

183. 1938年10月，中共中央为了加强对全国特别是各抗日民主根据地工人运动的领导，决定筹备建立（　）。

A. 中共中央工人运动委员会

B. 中共中央农民运动委员会

C. 中共中央职工运动委员会

D. 中共中央工农运动委员会

184. （　），中共中央职工运动委员会正式成立。

A. 1938 年 4 月　　B. 1939 年 4 月

C. 1940 年 4 月　　D. 1941 年 4 月

185. 1949 年 3 月，中共中央召开（　），提出了以恢复和发展生产为中心、全心全意依靠工人阶级的城市工作方针，这对于即将取得全国胜利的工人阶级和工人运动具有重大而深远的意义。

A. 七届二中全会　　B. 七届三中全会

C. 七届四中全会　　D. 七届五中全会

186. （　），《中国人民政治协商会议共同纲领》颁布，确立了以工人阶级为领导的、以工农联盟为基础的人民民主专政的国家制度。

A. 1949 年 7 月　　B. 1949 年 9 月

C. 1949 年 10 月　　D. 1949 年 11 月

187. 1953 年 5 月，中国工会第七次全国代表大会召开，确立了向社会主义过渡时期的工运方针，其核心是以生产为中心，（　）三位一体。

A. "生产、生活、娱乐"

B. “生活、娱乐、教育”

C. “生产、生活、教育”

D. “生产、教育、劳作”

188. （　）确立了“坚持执行勤俭建国、勤俭办企业、勤俭办一切事业的方针，掀起新的生产高潮来迎接第二个五年计划，为完成和超额完成新的国家计划而斗争”的中心任务。

A. 中国工会七大　　B. 中国工会八大

C. 中国工会九大　　D. 中国工会十大

189. 1958 年 3 月，中共中央在成都召开工作会议，通过《中共中央关于工会组织问题的意见》，提出了各级工会组织（　）的工会组织领导体制。

A. 以同级党委领导为主，同时接受上级工会的领导

B. 以同级党委指导为主，同时接受上级工会的领导

C. 以上级党委领导为主，同时接受同级工会的

领导

D. 以上级党委指导为主，同时接受同级工会的领导

190. （　）召开的中国工会九大，是新时期我国工人运动和工会工作的新起点。

A. 1977 年 10 月　　B. 1978 年 10 月

C. 1979 年 10 月　　D. 1980 年 10 月

191. （　），确定了“以四化建设为中心，为职工说话、办事，维护职工的合法权益，加强对职工的思想政治教育和文化技术教育，建设一支有理想、有道德、有文化、有纪律的职工队伍，充分发挥工人阶级在社会主义物质文明和精神文明建设中的主力军作用”的工会工作新方针。

A. 中国工会九大　　B. 中国工会十大

C. 中国工会十一大　　D. 中国工会十二大

192. 1988 年 9 月，全国总工会十届六次执委会议审议通过（　），确定了工会改革的基本框架。

A.《工会改革的基本设想》

B.《工会改革的指导思想》

C.《工会发展的基本设想》

D.《工会发展的指导思想》

193.（ ），中共中央印发《关于加强和改善党对工会、共青团、妇联工作领导的通知》，这是新中国成立以来关于群团工作的第一个全面系统的党内文件，也是推动群团组织改革的纲领性文件。

A. 1989 年 7 月　　B. 1989 年 12 月

C. 1990 年 7 月　　D. 1990 年 12 月

194. 2001 年 10 月修改的（ ），以法律形式明确维护职工合法权益是工会的基本职责。

A.《中华人民共和国工会法》

B.《中华人民共和国劳动法》

C.《中华人民共和国劳动合同法》

D.《中华人民共和国社会保险法》

195. 2006 年 12 月，全国总工会印发（ ），确立了“促进企业发展、维护职工权益”的企业工会工作原则。

A.《企业维权工作条例》

B.《企业工会工作条例》

C.《权益维护工作条例》

D.《企业发展工作条例》

196. （　），召开党的历史上第一次中央党的群团工作会议，为党的群团事业发展和群团改革创新开启了新的阶段、提供了历史机遇。

A. 2015 年 7 月 6 日　　B. 2016 年 7 月 6 日

C. 2017 年 7 月 6 日　　D. 2018 年 7 月 6 日

197. （　），习近平总书记主持召开中央全面深化改革领导小组第十八次会议，审议通过了《全国总工会改革试点方案》。

A. 2015 年 7 月 6 日　　B. 2015 年 11 月 9 日

C. 2017 年 7 月 6 日　　D. 2017 年 11 月 9 日

198. 推进党的群团改革，必须紧紧围绕保持和增强（　）这条主线，强化问题意识、改革意识，着力解决突出问题，把群团组织建设得更加充满活力、更加坚强有力。

A. 政治性、先进性、群众性

B. 政治性、理论性、群众性

C. 政治性、先进性、普遍性

D. 组织性、先进性、群众性

199. 为全面落实党中央关于深化群团改革的决策部署，（　），全国总工会制定印发《深化工会改革创新实施方案》。

A. 2015 年 9 月 25 日　　B. 2016 年 9 月 25 日

C. 2017 年 9 月 25 日　　D. 2018 年 9 月 25 日

200. 全国总工会动员各方力量、汇集各方智慧，研究制定《中国工运事业和工会工作“十四五”发展规划》，并于（　）印发。

A. 2020 年 7 月　　B. 2021 年 7 月

C. 2022 年 7 月　　D. 2022 年 8 月

多项选择题

扫码闯关答题

1. “鞍钢宪法”提出“两参一改三结合”，其中三结合是指（　）。

A. 工人　　B. 农民

C. 领导干部　　D. 技术人员

2. 1945 年 1 月，毛泽东同志在陕甘宁边区劳动英雄和模范工作者大会上的讲话中，肯定劳动英雄和模范工作者有三种长处，起了三个作用，即（　）。

A. 带头作用　　B. 骨干作用

C. 桥梁作用　　D. 纽带作用

3. 全心全意依靠工人阶级就是要在（　）。

A. 政治上保证　　B. 制度上落实

C. 素质上提高　　D. 权益上维护

4. 工会的基本职责是（　）。

A. 维护职工权益　　B. 增加职工收入

C. 维护职工合法权益　　D. 竭诚服务职工群众

5. 中国共产党在国统区的工会工作采取（　）的方针。

A. 荫蔽精干　　B. 长期埋伏

C. 积蓄力量　　D. 以待时机

6. 1948 年 8 月，第六次全国劳动大会召开，确定了新民主主义时期工会运动的总方针是（　）。

A. 发展生产　　B. 繁荣经济

C. 公私兼顾　　D. 劳资两利

7. 中国工会是中国共产党领导的职工自愿结合的工人阶级群众组织，始终在党的领导下，坚持（　）的有机统一。

A. 政治性　　B. 先进性

C. 群众性　　D. 自觉性

8. 党对工会的领导集中体现在（　）等方面。

A. 政治路线　　B. 政治方向

C. 政治原则　　D. 重大决策

9. 工会教育职能包括（　）方面的内容。

A. 科学文化教育　　B. 管理能力教育

C. 思想政治教育　　D. 文化技术教育

10. 党的二十大指出，深入实施人才强国战略，加快建设国家战略人才力量，努力培养造就更多大师、战略科学家、一流科技领军人才和创新团队、（　）。

A. 青年科技人才　　B. 卓越工程师

C. 大国工匠　　D. 高技能人才

11. 将“竭诚服务职工群众”列入中国工会基本职责中，对工会（　）提出了更高要求。

A. 增强群众观念　　B. 强化服务意识

C. 提升服务能力　　D. 挖掘服务资源

12. 维权与服务内在统一于增强党执政的阶级基础和群众基础，统一于提高职工群众（　），统一于增强工会组织吸引力、凝聚力、战斗力。

A. 获得感　　B. 幸福感

C. 安全感　　D. 价值感

13. （　）是集体劳动关系的主要特征，谈判和协商确定劳动条件和劳动标准是集体劳动关系的主要功能。

A. 单位主体　　B. 主体独立

C. 权利对等　　D. 工会代表

14. 从组织结构类型上看，经营者组织主要包括（　）等形式。

A. 职业协会　　B. 产业协会

C. 地方协会　　D. 全国性经营者组织

15. 2011 年 8 月，全国构建和谐劳动关系先进表彰暨经验交流会召开。会议指出，形成（　）的劳动关系，是劳动关系工作的目标要求。

A. 规范有序　　B. 公正合理

C. 互利共赢　　D. 和谐稳定

16. 2011 年 8 月，全国构建和谐劳动关系先进表彰暨经验交流会召开。会议要求，要形成（　）、企业和职工参与的工作格局。

A. 党委领导　　B. 政府负责

C. 社会协同　　D. 工会参与

17. 2020 年 11 月，习近平总书记在全国劳动模范和先进工作者表彰大会上强调，要适应新技术新业态新模式的迅猛发展，采取多种手段，维护好（　）等就业群体的合法权益。

A. 教师　　B. 快递员

C. 网约工　　D. 货车司机

18. 党的二十大报告指出，深化（　）等群团组织改革和建设，有效发挥桥梁纽带作用。

A. 工会　　B. 共青团

C. 妇联　　D. 农盟

19. 1933 年 4 月至 1934 年 7 月，先后建立中国农业工人、（　）等“产业工会”。

A. 中国店员手艺工人　　B. 中国纸业工人

C. 中国苦力运输工人　　D. 苏维埃国家企业职工

20. 中国共产党在抗日民主根据地的工会工作实行

（　）的政策。

A. 发展生产　　B. 繁荣经济

C. 公私兼顾　　D. 劳资两利

21. 中国工会第七次全国代表大会，确立了向社会主义过渡时期的工运方针，其核心是以生产为中心，（　）三位一体。

A. 生产　　B. 生活

C. 教育　　D. 劳作

22. 2001 年 10 月修改的《中华人民共和国工会法》，规定了工会维护职工合法权益的两个主要手段，即（　）。

A. 平等协商和集体合同制度

B. 职工代表大会制度

C. 集体协商制度

D. 劳动合同制度

23. 2015 年 1 月，中共中央印发《中共中央关于加强和改进党的群团工作的意见》，对加强和改进党对群团组织的（ ），发挥群团组织作用、推动群团组织改革创新提出了明确要求。

A. 财政领导　　B. 政治领导

C. 思想领导　　D. 组织领导

24. 党的十八大以来，习近平总书记多次就工会自觉接受党的领导作出重要指示、提出明确要求，强调“工会工作是党的（ ）的重要组成部分，是党治国理政的一项经常性、基础性工作”。

A. 群团工作　　B. 群众工作

C. 政治工作　　D. 组织工作

25. 在坚持党的领导这个根本问题上，工会必须（ ）。

A. 方向明确　　B. 旗帜鲜明

C. 立场坚定　　D. 坚持原则

26. 2018 年 10 月 26 日中国工会第十七次全国代表大会通过的《中国工会章程（修正案）》中，强调了坚持党的领导相关内容，增写了“中国工会坚持自觉接受（ ），承担团结引导职工群众（ ）的政治责任，巩固和扩大党执政的（　）和（　）”。

A. 中国共产党的领导　　B. 听党话、跟党走

C. 阶级基础　　D. 群众基础

E. 政治基础　　F. 人民基础

27. 在中央党的群团工作会议上，习近平总书记鲜明提出保持和增强群团工作和群团组织（　）的要求。

A. 政治性　　B. 先进性

C. 群众性　　D. 人民性

28. 中国特色社会主义群团发展道路，全面把握（　）的基本要求和（　）的基本特征。

A. “六个坚持”　　B. “七个坚持”

C. “三统一”　　D. “四统一”

29. 只有自觉把党的基本理论、基本路线、基本方略贯穿到工会工作各方面、全过程，增强（　），坚定（　），做到（　），始终在政治立场、政治方向、政治原则、政治道路上同以习近平同志为核心的党中央保持高度一致，才能打牢坚持党的领导的政治

根基。

A. “四个意识”　　B. “四个自信”

C. “两个维护”　　D. “九个坚持”

30. 工会所有活动最终都要体现到教育引导职工群众自觉坚持（　）和我国（　）制度上来。

A. 党的领导　　B. 社会主义

C. 共产主义　　D. 资本主义

31. 深入学习贯彻习近平总书记关于工人阶级和工会工作的重要论述，是当前和今后一个时期各级工会的首要（　），也是做好工会工作的（　）。

A. 政治任务　　B. 重要前提

C. 工作任务　　D. 工作重点

32. 大力弘扬工匠精神，其具体内容包括（　）。

A. 执着专注　　B. 精益求精

C. 一丝不苟　　D. 追求卓越

33. “四德”建设指（　）。

A. 社会公德　　B. 职业道德

C. 家庭美德　　D. 个人品德

E. 思想品德

34. 全心全意依靠工人阶级，要求必须把全心全意依靠工人阶级方针贯彻到经济、政治、文化、社会、生态文明建设以及党的建设各方面，落实到党和国家制定政策、推进工作全过程，体现到企业生产经营各环节，做到在（　）。

A. 政治上保证　　B. 制度上落实

C. 素质上提高　　D. 权益上维护

35. 要在全员参与的职工文化中大力弘扬（　）。

A. 个人英雄主义　　B. 劳模精神

C. 劳动精神　　D. 工匠精神

36. 党的十八大以来，习近平总书记多次就全心全意依靠工人阶级、推进产业工人队伍建设改革发表重要讲话、作出重要指示，提出了一系列新思想新观点新要求。集中体现在（　）。

A. 突出强调产业工人的地位和作用

B. 明确提出产业工人队伍建设改革的目标任务

C. 不断强化对产业工人的思想政治引领

D. 充分发挥劳动模范和工匠人才的示范带动作用

E. 努力提升产业工人技术技能素质

F. 着力加大对产业工人合法权益维护

37. 推进产业工人队伍建设改革，有利于（　）。

A. 巩固党执政的阶级基础

B. 巩固党执政的群众基础

C. 贯彻落实全心全意依靠工人阶级方针

D. 维护改革发展稳定大局

E. 实现“两个一百年”的奋斗目标

F. 实现中华民族伟大复兴的中国梦

38. 2017 年 2 月 6 日，习近平总书记主持召开十八届中央全面深化改革领导小组第三十二次会议，审议通过《新时期产业工人队伍建设改革方案》，明确提出要把产业工人队伍建设作为（　）的重要支撑和基础保障，纳入国家和地方经济社会发展规划。

A. 实施科教兴国战略　　B. 人才强国战略

C. 创新驱动发展战略　　D. 扶贫攻坚战略

39.《新时期产业工人队伍建设改革方案》明确了改革的指导思想、基本原则、目标任务，并从（　）方面，提出25条具体改革举措。

A. 加强和改进产业工人队伍思想政治建设

B. 构建产业工人技能形成体系

C. 运用互联网促进产业工人队伍建设

D. 创新产业工人发展制度

E. 强化产业工人队伍建设支撑保障

F. 加强工人个性培养

40. 2020年1月，中华全国总工会印发《关于开展产业工人队伍建设改革试点工作的通知》，强调要进一步完善试点工作举措，聚焦重点环节、落实工作责任，切实提高试点工作的（　）。

A. 针对性　　B. 理论性

C. 操作性　　D. 前瞻性

41. 我国工人运动的时代主题是（ ）的集中体现。

A. 与党同呼吸　　B. 与时代同步伐

C. 与群众心连心　　D. 与工人阶级同进步

42. 习近平总书记指出，“中国梦是一种形象的表达，是一个最大公约数，是一种为群众易于接受的表述，核心内涵是中华民族伟大复兴”，“基本内涵是实现（ ）”。

A. 人民富裕　　B. 国家富强

C. 民族振兴　　D. 人民幸福

43. 协调推进（ ）“四个全面”战略布局，是实现中华民族伟大复兴的重要保障。

A. 全面建设社会主义现代化国家

B. 全面深化改革

C. 全面依法治国

D. 全面从严治党

44. 习近平总书记指出，引导职工群众听党话、跟党走，巩固党执政的（ ）和（ ），是工会组织的政治责任。

A. 阶级基础　　B. 阶级立场

C. 群众基础　　D. 群众路线

45. 提升技术技能素质，建设（　）高素质劳动大军。

A. 知识型　　B. 技能型

C. 创新型　　D. 服务型

46. （　）是工会一切工作的出发点和落脚点。

A. 竭诚为职工群众服务　　B. 引导激励职工

C. 维护职工权益　　D. 加强职工队伍建设

47. 习近平总书记指出，我国工运事业是在党的领导下发展起来的，是党的事业的重要组成部分，工会工作是党治国理政的一项（　）工作。

A. 经常性　　B. 根本性

C. 实用性　　D. 基础性

48. 从中国特色社会主义工会发展道路与中国特色社会主义理论体系的关系来看，中国特色社会主义理论体系是包括（　）在内的科学理论体系。

A. 邓小平理论

B. “三个代表”重要思想

C. 科学发展观

D. 马克思列宁主义

E. 习近平新时代中国特色社会主义思想

49. 中国特色社会主义工会发展道路科学回答了（　）的工会重大课题。

A. “走什么样的工会发展道路”

B. “怎样加强工会建设”

C. “建设什么样的工会”

D. “工会发挥什么样的作用”

50. 加强自身建设是工会工作创新发展的强大动力。必须把握保持和增强（　）这条主线，加强工会政治建设、思想建设、组织建设、作风建设、纪律建设、制度建设，充分激发工会组织特别是基层工会生机活力，提高工会服务社会和谐、服务职工群众的能力本领。

A. 政治性　　B. 先进性

C. 群众性　　D. 指导性

51. 坚持和拓展中国特色社会主义工会发展道路，要处理好坚持党的领导与自主开展工作的关系，始终把工会置于党的领导之下，增强（　）、坚定（　）、做到（　），在思想上政治上行动上始终同以习近平同志为核心的党中央保持高度一致。

A. “四个信念”　　B. “四个意识”

C. “四个自信”　　D. “两个维护”

52. 2020 年 11 月 24 日，习近平总书记在全国劳动模范和先进工作者表彰大会上指出，劳模精神、劳动精神、工匠精神是以（　）为核心的民族精神和以（　）为核心的时代精神的生动体现，是鼓舞全党全国各族人民风雨无阻、勇敢前进的强大精神动力。

A. 爱国主义　　B. 与时俱进

C. 改革创新　　D. 爱好和平

53. 我们要在全社会贯彻（　）的方针，营造鼓励脚踏实地、勤劳创业、实业致富的社会氛围，使通过劳动来推动经济社会发展、创造美好幸福生活，真正成为广大职工的共同心声和普遍追求。

A. 尊重劳动　　B. 尊重知识

C. 尊重勤奋　　D. 尊重人才

E. 尊重创造　　F. 尊重革新

54. 从 1958 年开始，面对重大自然灾害和国民经济遭受的严重挫折，我国工人阶级发扬革命硬骨头精神，以旺盛的劳动热情，开展了（　）竞赛。

A. 比　　B. 传　　C. 学　　D. 赶

E. 帮　　F. 超

55. 习近平总书记在全国劳模大会上指出，劳动精神的时代内涵是（　）。

A. 崇尚劳动　　B. 热爱劳动

C. 辛勤劳动　　D. 诚实劳动

E. 专注劳动

56. 习近平总书记在全国劳模大会上指出，工匠精神的时代内涵是（　）。

A. 执着专注　　B. 守正创新

C. 精益求精　　D. 一丝不苟

E. 追求卓越

57. 2003 年 9 月，中国工会十四大强调把维护贯穿于（　）的全过程，明确了工会维权工作在服务党和国家工作大局中的作用。

A. 推动改革　　B. 促进发展

C. 积极参与　　D. 大力帮扶

58. 习近平总书记指出，就业是最大的（　），必须抓紧抓实抓好。

A. 民生工程　　B. 民心工程

C. 根基工程　　D. 惠民工程

59. 党的二十大报告明确提出，强调完善社会治理体系，在社会基层坚持和发展新时代“枫桥经验”，畅通和规范群众（　）通道，及时把矛盾纠纷化解在基层、化解在萌芽状态。

A. 诉求表达　　B. 利益协调

C. 权益保障　　D. 财务诉求

60. 2018 年 2 月，党的十九届三中全会提出，深化群团组织改革，要构建联系广泛、服务群众的群团工作体系，增强群团组织（　）功能。

A. 桥梁纽带　　B. 团结教育

C. 维护权益　　D. 服务群众

61. 党的二十大报告明确提出，要强调坚持（　），在全社会弘扬劳动精神、奋斗精神、奉献精神、创造精神、勤俭节约精神。

A. 尊重劳动　　B. 尊重知识

C. 尊重人才　　D. 尊重创造

62. 2015 年 7 月 6 日，在党中央首次召开的中央党的群团工作会议上，习近平总书记指出，“群团组织做服务工作具有两重性，既要（　），也要（　），不能把两者割裂开来，也不能畸轻畸重”。

A. 保持先进性

B. 解放思想、锐意进取

C. 服务党和国家工作大局

D. 服务群众

63. 党的十八大郑重提出，围绕保持党的（　）和（　），在全党深入开展以为民务实清廉为主要内容的党的（　）实践活动，着力解决人民群众反映强烈的突出问题，提高做好新形势下群众工作的能力。

A. 先进性　　B. 纯洁性

C. 代表性　　D. 群众路线教育

E. 党史学习教育

64. 习近平总书记指出，工会、共青团、妇联开展的机关干部下基层活动要（　），成为每个干部的习惯和自觉，大部分工作时间要到工人、青年、妇女中去。群团机关干部要建立基层联系点，同困难群众结对子。

A. 规范化　　B. 常态化

C. 制度化　　D. 科学化

65. 习近平总书记指出，当前，广大干部群众反映比较突出的问题，主要是一些群团组织不同程度存在（　）现象。群团组织中存在的问题，实质是脱离群众。

A. 机关化　　B. 行政化

C. 贵族化　　D. 娱乐化

66. 习近平总书记强调，群团干部队伍是党的干部队伍的重要组成部分，是做好党的群团工作的重要组织保证。虽然大家主要做党的群团工作，但时刻都要牢记自己是党的干部，党对大家的要求和标准是一样的，必须做到（　），努力做让党放心、让人民满意的好干部。

A. 信念坚定　　B. 为民服务

C. 勤政务实　　D. 敢于担当

E. 清正廉洁

67. 2019 年 12 月 26—27 日，习近平总书记在主持中共中央政治局“不忘初心、牢记使命”专题民主生活会时的讲话中强调：“（　）都要站在群众的立场上，通过各种途径了解群众的意见和要求、批评和建议，真抓实干（　），让人民群众（　）更加充实、更加有保障、更可持续。”

A. 想问题　作决策　办事情

B. 想问题　解难题　作决策

C. 解民忧　纾民怨　暖民心

D. 获得感　幸福感　安全感

68. 作为工会组织，必须坚持（　）的主体地位、让职工当主角，团结和凝聚广大职工在推进中国特色社会主义伟大事业中发挥（　）作用。要建立完善体现（　）的制度机制。

A. 群众　　B. 职工

C. 工人阶级主力军　　D. 职工群众地位作用

69. 各级工会组织和广大工会干部要深刻认识到，工会组织最大的优势是（　），最大的危险是（　），工会的所有工作都要以（　）广大职工的根本利益为出发点和归宿。

A. 密切联系职工群众

B. 脱离职工群众

C. 实现好、维护好、发展好

D. 应对好、维护好、发展好

70. 工会、共青团、妇联等群团组织联系的广大人民群众是全面建设社会主义现代化国家、坚持和发展中国特色社会主义的基本力量，是（　）的基本依靠。

A. 全面深化改革　　B. 坚持党的领导

C. 全面推进依法治国　　D. 巩固党的执政地位

E. 维护国家长治久安

71. 2020 年 11 月 24 日，习近平总书记在全国劳动模范和先进工作者表彰大会上指出，要健全（　）的工会工作体系，努力提高工会工作能力和水平。

A. 联系广泛　　B. 服务职工

C. 上下联动　　　　D. 协调一致

72.《中共中央关于坚持和完善中国特色社会主义制度 推进国家治理体系和治理能力现代化若干重大问题的决定》提出，要健全为人民执政、靠人民执政各项制度，包括健全联系广泛、服务群众的群团工作体系，推动人民团体增强（　），把各自联系的群众紧紧团结在党的周围。

A. 政治性　　　　B. 先进性

C. 群众性　　　　D. 组织性

73. 工会在大局中的作用、在职工中的影响，既取决于基层工会总体数量，更取决于基层工会建设质量。要坚持以"六有"工会建设为统领，以规范工会选举、深化会员评家为重点，深化建设职工之家工作，突出重点、分类指导，有步骤、分层次推动基层工会规范化建设扩面提质。其中"六有"是指（　）、有健全完善的制度机制、有自主管理的工会经费、有会员满意的工作绩效。

A. 有依法选举的工会主席

B. 有独立健全的组织机构

C. 有服务职工的活动载体

D. 有完善系统的组织体系

74. 2018 年 10 月中国工会召开第十七次全国代表大会，在大会报告中，以（ ）对习近平总书记关于工人阶级和工会工作的重要论述的基本内涵进行了概括，以（ ）对重要论述的实践要求进行了分析。

A. “四个全面”　B. “八个坚持”

C. “四个自信”　D. “四个立足”

75. 深化群团组织改革，要紧紧围绕坚持和增强政治性、先进性、群众性这条主线，着力解决（ ）等问题，把群团组织建设得更加充满活力、更加坚强有力。

A. 机关化　B. 行政化

C. 贵族化　D. 娱乐化

E. 官僚化

76. 2018年9月25日，全总印发《深化工会改革创新实施方案》，将“形成联系广泛、服务职工的工会工作体系”写入深化工会改革创新的指导思想中，并在目标任务中将这一工作体系细化为健全完善（ ）等。

A. 工会组织体系　　B. 维权服务工作体系

C. 制度机制体系　　D. 服务职工体系

77. 马克思认为，异化劳动作为一个过程，其具体表现形式有（ ）。

A. 劳动产品与劳动者的异化

B. 劳动过程与劳动者的异化

C. 人与人之间关系的异化

D. 人与自己的类本质关系的异化

78. 中国工会是中国共产党领导的职工自愿结合的（ ），工人阶级是改革开放和社会主义现代化建设的（ ），是维护社会安定的强大而集中的社会力量。

A. 工人阶级群众组织　　B. 工会干部组织

C. 先锋队　　D. 主力军

79. 2013年6月，中共中央在全党开展以“为民、务实、清廉”为主要内容的党的群众路线教育实践活动，着力反对（　）。

A. 形式主义　　B. 官僚主义

C. 享乐主义　　D. 奢靡之风

80. 积极推动完善以职工代表大会为基本形式的企事业单位民主管理制度，依法保障职工（　），在发展全过程人民民主中保障职工民主政治权利。

A. 知情权　　B. 参与权

C. 表达权　　D. 监督权

81. 按照全面推进依法治国总目标要求，自觉把工会工作置于法治国家、法治政府、法治社会建设全局中谋划和推进，坚持（　）。

A. 依法建会　　B. 依法管会

C. 依法履职　　D. 依法维权

E. 依法强会

82. 以习近平新时代中国特色社会主义思想武装职工。推动习近平新时代中国特色社会主义思想（　）进教材、进头脑，打牢广大职工团结奋斗的思想基础。

A. 进企业　　B. 进车间

C. 进学校　　D. 进家庭

83. 按照政治上保证、制度上落实、素质上提高、权益上维护的总体思路，围绕造就一支（　）的宏大的产业工人队伍。

A. 有理想守信念　　B. 懂技术会创新

C. 爱劳动勤钻研　　D. 敢担当讲奉献

84. 促进产业工人队伍建设改革走深走实。聚焦产业工人（　）地位提高、队伍壮大等重点任务，总结推进产业工人队伍建设改革以来取得的经验，查找存在的问题与不足，推动产业工人队伍建设改革向纵深发展、向基层延伸。

A. 思想引领　　B. 建功立业

C. 素质提升　　D. 品德提升

85. 健全产业工人队伍建设改革情况（　）和（　）制度，推动各地将产业工人队伍建设改革纳入各级党委和政府目标考核体系，建立党委和政府联合督查督办工作机制。

A. 政策协调　　B. 组织推进

C. 监督检查　　D. 信息反馈

86. 推动完善（　）和（　），健全覆盖全民、统筹城乡、公平统一、可持续的多层次社会保障体系。

A. 职工社会保险制度

B. 工资集体协商制度

C. 分层分类社会救助体系

D. 劳动关系集体协商制度

87. 做好工会劳动保护工作，加强对（　）和（　）的教育培训，提高职工事故防范、应急处置和自我保护能力。

A. 职工安全生产　　B. 企业安全意识

C. 职业健康知识　　D. 安全健康

88. 进一步健全协调劳动关系三方组织体系，重点推动工业园区、乡镇（街道）和行业系统建立三方机制，努力构建多层次、（　）劳动关系协商协调格局。

A. 全面化　　B. 智能化

C. 全方位　　D. 网格化

89. 激发基层工会活力。树立落实到基层、落实靠基层理念，坚持把改革向基层延伸，把力量和资源充实到基层一线，使基层工会组织（　）。

A. 建起来　　B. 转起来

C. 活起来　　D. 管起来

90. 坚持不懈推进（　）和（　）落实落地，落实会员代表常任制，选优配强基层工会领导班子。

A. 集体协商制度

B. 基层工会会员代表大会制度

C. 民主选举制度

D. 会员民主选举制度

91. 加强对（　）等的统筹管理，在薪酬福利、绩效奖惩、教育培训、职业发展等方面提供规范化指导，加强社会工作岗位开发设置。

A. 工会会员　　B. 社会化工会工作者

C. 专职集体协商指导员　　D. 职工代表

92. 发挥产业工会全委会（　）组织制度优势，调整和优化产业工会委员单位组成，适当扩大非公有制企业、社会组织委员名额比例，增强代表性。

A. 联合制　　B. 代表制

C. 结合体　　D. 自由体

93. 树立依靠会员办会理念，完善基层工会会务公开制度机制，保障会员的（　）。

A. 知情权　　B. 参与权

C. 表达权　　D. 监督权

E. 知晓权

94. 深入实施（ ），开辟发展新领域新赛道，不断塑造发展新动能新优势。

A. 科教兴国战略　　B. 人才强国战略

C. 创新驱动发展战略　　D. 数字化发展战略

95. 《资本论》由资本的（ ）构成。

A. 生产过程理论　　B. 流通过程理论

C. 社会生产总过程理论　　D. 消费动机理论

96. 恩格斯总结了工会保护工人利益的方法，包括（ ）。

A. 与资本家进行谈判，规定工资标准

B. 限制工厂招收学徒，从而使工资保持在一定的水平上

C. 反对资本家采用新机器和新工具来降低工人的工资

D. 建立工会基金会，来帮助失业工人和生活困难的会员及其家属，并在罢工时维持罢工工人的生活

97. 在以习近平同志为核心的党中央坚强领导下，我国工人阶级以高度的（ ）和（ ），积极投身进行伟大斗争、建设伟大工程、推进伟大事业、实现伟大梦想的火热实践，推动党和国家事业取得决定性成就、发生历史性变革。

A. 主人翁使命感　　B. 历史责任感

C. 社会责任感　　D. 国家使命感

98. 加强职工思想政治引领，团结引导职工坚定不移听党话、跟党走。以习近平新时代中国特色社会主义思想（ ）职工；以理想信念（ ）职工；以社会主义核心价值观（ ）职工；以先进职工文化（ ）职工。

A. 武装　　B. 教育

C. 引领　　D. 感染

E. 指导

99. 积极推进工会经费收入电子票据改革试点。启动工会经费收缴改革，到2025年底基本形成（ ）区域均衡的工会经费分配关系。

A. 权责清晰　　B. 财力协调

C. 权责均衡　　D. 财力充足

100. 加大劳动法律法规源头参与力度。要积极推动和参与（　）与（　）协商立法的制度机制建设，推动涉及职工切身利益的法律法规政策制定和修改。

A. 全国人大　　B. 社会组织

C. 国有企业　　D. 民间团体

参考答案

一、单项选择题

1. A	2. C	3. B	4. A	5. B
6. A	7. A	8. B	9. C	10. C
11. C	12. A	13. B	14. B	15. A
16. B	17. D	18. A	19. A	20. B
21. C	22. C	23. A	24. C	25. A
26. B	27. B	28. A	29. A	30. B
31. C	32. C	33. B	34. D	35. A
36. D	37. A	38. A	39. C	40. A
41. D	42. C	43. A	44. A	45. A
46. C	47. D	48. B	49. D	50. A
51. B	52. C	53. C	54. A	55. A
56. A	57. B	58. D	59. A	60. A
61. D	62. C	63. A	64. C	65. B

66. B	67. A	68. A	69. B	70. C
71. B	72. A	73. A	74. A	75. B
76. B	77. A	78. D	79. D	80. A
81. A	82. C	83. A	84. B	85. B
86. A	87. C	88. D	89. B	90. C
91. A	92. B	93. B	94. A	95. B
96. C	97. A	98. B	99. C	100. B
101. D	102. C	103. C	104. C	105. C
106. D	107. D	108. B	109. C	110. D
111. A	112. C	113. A	114. B	115. C
116. A	117. B	118. A	119. A	120. B
121. C	122. A	123. C	124. A	125. D
126. A	127. A	128. B	129. A	130. C
131. A	132. A	133. B	134. A	135. C
136. D	137. A	138. C	139. A	140. C
141. D	142. A	143. B	144. C	145. D
146. D	147. A	148. B	149. A	150. B
151. D	152. C	153. A	154. C	155. A

156. C	157. D	158. C	159. D	160. C
161. A	162. D	163. D	164. C	165. D
166. A	167. B	168. D	169. C	170. C
171. A	172. D	173. D	174. C	175. D
176. A	177. D	178. C	179. B	180. A
181. C	182. B	183. C	184. B	185. A
186. B	187. C	188. B	189. A	190. B
191. B	192. A	193. B	194. A	195. B
196. A	197. B	198. A	199. D	200. B

二、多项选择题

1. ACD	2. ABC	3. ABCD	4. CD
5. ABCD	6. ABCD	7. ABC	8. ABCD
9. CD	10. ABCD	11. ABCD	12. ABC
13. BCD	14. ABCD	15. ABCD	16. ABC
17. BCD	18. ABC	19. ABCD	20. ABCD
21. ABC	22. AB	23. BCD	24. AB
25. AB	26. ABCD	27. ABC	28. AC
29. ABC	30. AB	31. AB	32. ABCD
33. ABCD	34. ABCD	35. BCD	36. ABCDEF
37. ABCDEF	38. ABC	39. ABCDEF	40. ACD
41. ABD	42. BCD	43. ABCD	44. AC
45. ABC	46. AC	47. AD	48. ABCE
49. ACD	50. ABC	51. BCD	52. AC

53. ABDE	54. ACDEF	55. ABCD	56. ACDE
57. ABCD	58. ABC	59. ABC	60. BCD
61. ABCD	62. CD	63. ABD	64. BC
65. ABCD	66. ABCDE	67. ACD	68. BCD
69. ABC	70. ACDE	71. AB	72. ABC
73. ABC	74. BD	75. ABCD	76. ABC
77. ABCD	78. AD	79. ABCD	80. ABCD
81. ABCD	82. ABC	83. ABD	84. ABC
85. CD	86. AC	87. AC	88. CD
89. ABC	90. BC	91. BC	92. AB
93. ABCD	94. ABC	95. ABC	96. ABCD
97. AB	98. ABCD	99. AB	100. AB